LIBERDADE

LIBERDADE

(Obra mediúnica)

AUGUSTO SILVA - JE-KÝ - SÉLEM

JUNINHO

**Dados Internacionais de Catalogação
na Publicação (CIP)
(Câmara Brasileira do Livro, SP,
Brasil)**

Silva, Augusto (Espírito)
   Liberdade : (obra mediúnica) / [ditado pelo
espírito] Augusto Silva, [psicografado por]
José de Castro Pinto Júnior. -- Lavras, MG :
José de Castro Pinto Júnior, 2023.

   ISBN 978-65-00-72537-7

   1. Espiritismo - Doutrina 2. Psicografia
3. Romance espírita I. Pinto Júnior, José de
Castro. II. Título.

23-160968   CDD-133.93

Índices para catálogo sistemático:

1. Romance espírita psicografado
133.93

Tábata Alves da Silva - Bibliotecária -
CRB-8/9253

A você, Sélem, quem abaixo de Deus me fez
entender o valor de uma união com o Alto.

PREFÁCIO

Tão valiosa é a assertiva do Mestre Jesus Cristo: Conhecereis a verdade e a verdade o livrará. Percebe-se um ponto soberano nesta explanação de amor verdadeiro do Senhor: A liberdade existe, ou é possível existir.

Ele afirmou que era importante ser o homem mais pobre para revolucionar o mundo [1].

---

[1] Ver nota na página 371.

CAPÍTULO 1

Merecimento

Liberdade depende de Deus. Depende da bondade e da inteligência de cada um, sendo que o cárcere não lhe é um obstáculo sempre, como a fortuna o recurso exato. Conheça-te a ti próprio; nossas características num mundo de cépticos, de teorias e de dores, de opiniões públicas, de domínios, temporário.

"Temporário para uns, mas para outros não". Poucos, os escolhidos. Escolhedores do certo. Porque a lei de Deus está escrita na consciência.

Quando eu for pai, ou mãe vou dar para o meu filho tudo que eu não tive. É comum este pensamento entre os seres humanos. Dedicados pais e mães a igualarem com muito sacrifício e suor o conforto material da criança em meio a técnicas sofisticadas de ensino e lazeres informatizados e caros. Pros meus filhos eu viro bicho. Mas é preciso vigiarmos para não estarmos dando alpiste a eles no sagrado educandário do lar, dando o peixe e a praia, não ensinando algo muito importante que liberdade para esse Ser é "inspiração" para tudo a instituir o merecimento como condição imutável, como Lei e que pai e mãe precisam perceber nos seus pequeninos e em si próprios.

O mundo é difícil, mas a ciência – porque ela não nega a Deus – não pôde precisar a potência do poder de Deus nem do alcance de Sua sagrada vontade, como também prever o dia de amanhã com a exatidão dos minutos, ou dos instantes, espaços de tempo suficientes para que Deus mostre a solução decisiva e definitiva que todos precisamos. Precisamos, mas sinônimo de necessitamos.

CAPÍTULO 2

Subordinação

O ser precisa trocar a submissão pela subordinação. Subordinação ao certo. Respeitando sempre. Sabendo que o autoritário ser é incompetente. E dependente.

A diferença então.

Porque liberdade é uma conquista espiritual. Verdadeira.

Através dos séculos e milênios o espírito assume no instrumento carne a reapresentação nas sociedades terrenas, respeitada e exaltada, homenageada e condecorada, maltratada e discriminada, esquecida e culpada. Por coisas que às vezes não cometeu. Abandonada em sepulcros emplaquetados, requintados e não, novos ou conservados onde não contém mais sequer a matéria orgânica calcificada que outrora herdou da nobreza. Ou da pobreza. Onde estará?

O amor responde racionalmente as inquietudes e incertezas da continuação da vida. Ou da morte. Enquanto se quer a morte.

É preciso ver para não se deixar ser conduzido pela cegueira generalizada das sociedades de um mesmo planeta, se discriminando reciprocamente [2] em que cada um esquece suas obrigações com Deus. Pensa-se, não tem jeito! Deus que me livre! E Ele vai usar da verdade. Tenho certeza que sim, da absoluta perfeição do Senhor Criador que convida a todos para uma vida feliz cheia de saudades e reencontros, de presenças, porque Ele faz questão da união.

Evolução, a hierarquia se faz uma necessidade [3] e vemo-la mesmo em espécies animais. Compete ao administrador e ao executor demandarem atentos e dedicados aproveitando a oportunidade que lhes é oferecida, pois "mesmo da árvore que nasce torta e morre torta se aproveita a lenha".

Não obstante Deus justo. A subordinação existe na lei de Deus, a nossa fé nos faz aceitá-la como certo, positivo ou engrandecedor. Até que cada um possa tomar conta de si próprio. Quando estará apto a ordenar, com classe e categoria iluminadas pelo saber que somente fabrica, sem ter que "desvestir um santo para vestir outro", às claras e iluminada tão exuberantemente pelo conhecimento – fruto da dedicação e do esforço – que conduz o ser humano e o espírito à liberdade.

---

[2] Vide Evangelho conforme Mateus 5:39.
[3] Vide Evangelho conforme Mateus 5:37.

À boa lei.

Não perca tempo. Tenha bom ânimo. Porque Deus quer saber de quem, ou de que você quer ser um servidor, da valorização, ou do egoísmo. O capitalismo selvagem e irracional que tenta dominar, que tenta, acomodado com tanta preguiça, se enterrando nos seus vícios diversos presentes na alta sociedade rica na baixa sociedade pobre, classes que se odeiam na mesma família biológica, da mesma espécie espiritual. Porque não aprendeu a cultivar e a valorizar os ensinamentos de Jesus Cristo. Até quando?

Reencarnações sucessivas, Deus é um perfeito respeitador, até quando o espírito encarnado, ou não queira se fazer diferencial, quando o Pai fortalece-lo-á no Seu amor, seja na espada, ou no crucifixo, mas sempre, sempre, sempre respeitando, como fez Joana D'Arc, como fez Jesus Cristo. [4]

---

[4] Vide Evangelho conforme João 19:11.

CAPÍTULO 3

Vida com Deus

Porque Deus quer ver você lúcido para tudo. Procure ser feliz dentro da lei divina, verá resultados, luz, entendimento, sabedoria para lidar.

Nós estamos aqui por determinação de Deus, é a vida de qualidade que nos interessa, evitando a vida que "todo mundo vai atrás", desconhecem a vida com Deus, pensam ser sábios, mas por que sofrem?

A sabedoria "evita o mundo iludido", para não se contaminar com os pecados esquecidos, subestimados, traiçoeiros.

Deus não perde tempo, produz por saber o valor disto na ordem geral das coisas.

Somente o trabalho proporciona estabilidade. Mas é bom que seja estudado e discutido o conceito da palavra produção.

O mundo precisa das palavras de Deus para não morrer na ignorância e no vício.

Ou qual de vós porventura é o homem que, se seu filho lhe pedir pão, lhe dará uma pedra [5]?

CAPÍTULO 4

O inédito

Consideremos a Deus com opinião própria e formada sobre tudo. Tudo para Ele é matéria-prima ou reciclada a constituir obras, pois na natureza nada se cria tudo se transforma [6]. O inédito vai sempre existir.

No princípio era o verbo cuja sentença é a eternidade, um raciocínio lógico.

É só começar a fazer ao próximo o quanto queremos que ele nos faça e não fazer o que queremos que ele não nos faça. O resto deixe com Deus.

---

[6] Antoine L. Lavoisier.

CAPÍTULO 5

Ideal

Solidão tem a finalidade de volver a atenção da criatura para Deus. Mas quem está só? . . .

Mal acompanhado e só a maioria das populações está assim, porque não tem um objetivo, um ideal. Presa nas garras do voraz inimigo que faz a má impressão da religião e de Deus um antagonista na nossa sonhadora vida. Usa da religião para isso também. Não troca o vício pelo saber, sorri dos próprios desprazeres, esquece da vida. O mal. Acompanhado de palavras ocas sem pequenos e grandes projetos construtivos, as soluções, que permitem, que proporcionam o raciocínio, que sugestionam bem. O povo já está acostumado com as opiniões e conselhos sem realizações, o mal que fala bem – sem esclarecimentos – palavras sofisticadas que não se encontram nos dicionários que estão em bibliotecas. Não seria melhor num museu?

Mal e domínio "palavras da mesma família".

CAPÍTULO 6

Família

A presença. Sagrada oportunidade é a presença da família. Sem que o tempo e o espaço sejam fatores de separação. Porque o que Deus uniu ninguém separa. Mas Ele une quem quer. A família precisa ficar de olhos abertos à visita da desunião dominadora porque enfraquece cada membro. Palpites. E os bons palpites, quais foram, quais são? Há união? Então há a presença de Deus. A família precisa ficar de braços abertos e não discriminar o maconheiro que voltou da rua de madrugada. Porque a porta estava aberta. A família precisa estar de coração aberto ao filho que também não é seu. Ao pai dos outros marido da sua mãe. À minha mãe que eu não vejo, que me procura, que reza por mim, que não tem culpa por: teria sido pior. Que eu não amava. Por isso sofre prisioneiro da solidão acompanhada, incapaz de enaltecer um nome e exaltar a honra, porque evita as oportunidades, se não fosse Deus. Que desde o ventre de uma mãe dita exuberantemente o seguinte pensamento: Confie.

CAPÍTULO 7

No mundo

Quem não pôs ninguém no mundo para ser uma ovelha negra e muito menos um escravo. Deus trata de libertá-lo. E os atuais também. Mais uma vez sendo a ignorância a principal causa, esquecendo que a Terra é redonda e que Alguém a criou. Que a hora é agora. E que é preciso fazer da teoria socialista humanitária a prática convicta. É tirar da letra a palavra que vivifica. Pôs para inventar uma lâmpada e fazer com que bilhões de seres humanos prolonguem seus dias em família; pôs para voar de volta pra casa com a bandeira da nacional verde amarela copa em asas bem mais modernamente fabricadas das que seu inventor veio fazer no mundo; pôs para fazer sentir a qualidade da boa música por muitos que não negam o que escrevo e que supera clássicos estilos estereotipados pela requintada nobreza. Agradando a todos então. Porque o bom, o certo e o bem não deixam dúvidas.

Mas por que o escravo, por que o indigente, o viciado? Eis: por que o açoite, a cobiça e o desamor?

Porque não merecem libertar o escravo, porque não sabem liderar uma elegante e afinada orquestra, porque não conquistam, porque não merecem amar. Amor não é para os fracos porque os fracos não usam do amor. Ou eles têm uma sugestão melhor para melhorar o mundo? Conduzir as ovelhas brancas e negras pela porta do seu aprisco ao toque da confiança e do apreço. Todas, desatolando da desesperança e da descrença à condição de ver o pôr do sol do mundo onde tudo é possível dentro da lei de Deus, dependendo da fé.

CAPÍTULO 8

Ouvir

E se tentássemos a obediência desta vez, porque a liberdade passa a combinar com esta palavra. Aos padres, aos pastores, aos reverendos e monges, líderes religiosos dos quais se espera pelo menos a orientação para a salvação. Sim, aos líderes espíritas, dos quais se espera a salvação; ou evolução.

O Espiritismo prega que a criatura não retrograda [7], pode paralisar-se a evolução, mas não desevolui. Uns falam uma coisa outros falam outra coisa . . .

Mas Kardec falou à luz da coerência a ele exposta por espíritos sábios e generosos que tratam do assunto Deus de maneira discutida, sem misticismo, mas com respostas adequadas a cada espírita sôfrego de luz que permeia diariamente os livros que são fonte de luz e equilíbrio, instrumentos didáticos dos nossos mentores quando eles nos encontram susceptíveis a

---

[7] O Livro dos Espíritos, qs. 118 e 778. Allan Kardec.

"ouvir", sem a secular e terrena imposição. A aceitar a reforma. A maioria das pessoas está na Terra para rever certos conceitos. À luz da ciência, da religião e da filosofia modificarem seus costumes sem que, absolutamente desprezem a razão, digo, a razão da vida, da vida de todos.

CAPÍTULO 9

Obedecer para aprender

Obediência, para um mundo rebelde e dominador é pérola aos porcos, é coisa santa, é coisa que liberta, obedecer para aprender porque o céu já está pronto.

CAPÍTULO 10

Perfeição e estabilidade

Fazer o bem é a ininterrompível ocupação de Deus quem nos conduz àquela semelhante situação. É o que a perfeição admite.

Como poderíamos conceber uma criatura perfeita, nós seres pequeninos, viajantes sob uma vontade superior, uma força maior, mas positiva e benéfica? A perfeição herdeira de todas as virtudes que o filho de Deus conquistou ao longo de sua vida como espírito e como alma. Forma, cor, contraste. Brilho, cheiro, carisma e beleza, força e capacidade intelectual, solidariedade, heroísmo e coragem, persistência, vontade, convicção e certeza, circunspecção, tato, produção, raciocínio e memória, desenvoltura, independência; o que é a perfeição? Como se pode definir essa condição de um mundo em que um cego não define a luz, um surdo o som? A perfeição é uma ideia além. Ela é um projeto executado, destinando mudanças a uma agradabilíssima estabilidade do ser. Ou felicidade. Perfeição redesenhada pelos filmes de ficção a exaltarem o mocinho sem chance de conversão do bandido; perfeição que uns acreditam, que uns mencionam; como pode o ser humano atingi-la com os recursos que conhecem e os acreditarem ser somente esses.

Perfeição e a decadência orgânica dos idosos e idosas. Perfeição para deixar de existir? Destinada ao cárcere do cemitério? Onde está a liberdade?

Porque a vida vai continuar e a voz do povo de Deus aclama isto numerosamente nas igrejas e templos existentes na Terra.

Afirmam que a vida passa rápido. Então é pior ainda. Antes vivo que morto.

Porque não sabe ser perfeito.

CAPÍTULO 11

Perfeita ordem

Gradativamente os filhos de Deus concebem as leis naturais. Certamente que o conhecimento destas originam segurança a nós todos. Agimos e reagimos na perfeita ordem diante de Deus, apesar das desordens diante do mundo. Disse Ele que não veio trazer a paz.

Sem paz nada faz, mas como se o que Deus quer são obras. A perfeição é a solução, mas comece agora para ficar livre. Tem que ser herói, mas compensa. Um bom cristão que sacudiu o jugo da ilusão da morte deixando apenas o pó dentro daquele presídio de espíritos que valorizaram a matéria acima de tudo. Desrespeitando a Lei, a lei de liberdade.

CAPÍTULO 12

De cima

Porque querer ser perfeito é um direito de todos, como também, trabalhar para ser, merecendo o respeito da sua escolha que é a vontade de Deus.

A perfeição se conquista com fé, com o instrumento amor e paz de consciência. Conquistando. Como o mar conquista de cima todas as gotas dos rios. E o espírito é a obra-prima de Deus.

Querer ser promovido não é ilegal, então façam alguma coisa para não perder o lugar, porque senão, o chefe não o mandar embora, o lá de cima muda o presidente.

CAPÍTULO 13

O meu reino

Respeitáveis são todas as nações organizadas, respeitáveis são todas as nações e igrejas unidas na ordem e no progresso.

A falta deste quesito foi a causa da decadência de vários impérios. O meu reino não é deste mundo [8], se o meu reino fosse deste mundo ..., mas dizem que Jesus Cristo é o Senhor; será que estão querendo abandonar o navio? Nestas horas Ele é o Senhor. . .

---

[8] Evangelho conforme João 18:36.

CAPÍTULO 14

Fator mediúnico

Conquistar-se-ia a liberdade sem a intercessão do fator mediúnico? Poderá responder: mas eu não estou preso!

E dependente?

Não foi brincando que o imperador proclamou a independência. Alguma coisa o deixava descontente. Deve ter pensado: Também pudera, eu sou o rei, mais do que isto, eu sou um filho de Deus, o nosso reino é subordinado a outro reino! . . .

O importante é que surtiu efeito.

De fato. Eram mais de trezentos anos de exploração econômica, sem que o Alto possa ser responsabilizado por tal. Pelo contrário, de um jeito ou de outro liberdade só se conquista com a ajuda de Deus.

CAPÍTULO 15

O mentor espiritual

Respeitáveis são todas as nações unidas na ordem e no progresso.

Obediência à nossa consciência e obediência ao certo, quando Ele, ao constatar a nossa vontade no bem, permitir-nos-á a senhoria excelsa de um mentor espiritual. Mas a nossa vontade firme. Porque os espíritos dos profetas estão sujeitos aos profetas [9].

---

[9] Epístola I de Paulo aos Coríntios 14:32.

CAPÍTULO 16

Um imenso coração

"A tentação é a falta do que fazer". Porque se tivesse iria agradecer a Deus pelo tempo que passa. Sim, quando se tem certeza que vai dessa pra melhor.

Uma felicidade tão grande quanto comporta sua grosseira existência [10].

Quando houver sujeição a Deus já se começa. Porque Deus é poderoso? "Não", porque Deus ama a todos com um imenso coração. Zero por cento de vaidade sem deixar de enaltecer o belo, a qualidade, não ostenta, sustenta [11].

---

[10] Vide O Livro dos Espíritos, q. 921. Allan Kardec.
[11] Vide O Livro dos Espíritos, q. 244 a.

CAPÍTULO 17

Corajosos

Grandes vultos da história, na prática da lei de Deus, ou da razão exerciam a obediência.

Aceitavam, trabalhavam, sem murmurar. Continuavam. A fé.

Porque sabiam que por detrás da injustiça social do autoritário e corrupto ser humano está a história. A história do que deu certo e do que não deu certo. Expunham seus pareceres, silenciavam, corajosos.

À parte, não à margem.

A comparação de resultados da sociedade com eles e sem eles. Foi difícil, mas se tudo fosse fácil não haveria vencedores. Evoluídos. Na dor que desintegra a carne. Mas é o espírito que precisa vencer a carne. Porque aprenderam diante "da natureza", sempre prestimosa e obediente a ensinar o equilíbrio.

Essa lição eterna ao estado político possível de se enobrecer sob as ordens de Deus. A calar a boca de muita gente que lhe cobra resultados, mas que não paga imposto e não apresenta uma solução melhor.

É muito importante que façamos a nossa parte.

A beleza desconhecida deste Brasil que está sob o comando de Deus, sob o poder da justiça perfeita; tempestiva e oportuna, heroica, retificadora, misericordiosa. Um sistema somente compreensível com a evolução espiritual. Como os grandes que herdaram a Terra por compreenderem a Terra, em paz.

CAPÍTULO 18

Dentro e fora de casa

O seu país interior, este é o qual Deus exigir-lhe-á.

A família, "a base do homem na sociedade", a preparar o ser humano para "a maratona" da ascensão social. Pô-lo ao lado de uma grande mulher, porque detrás de um grande homem está uma grande mulher. E tentam, encaminham, às vezes contra a vontade dele, contra a vontade dela. Colhe o grão de sua semeadura, porque não levaram em consideração o invasor a espalhar sementes de joio no latifúndio de enorme valor que Deus abriga com quatro paredes. Paredes construídas de acordo com a necessidade, as de S. José, Nossa Senhora e o menino Jesus foram por ora sem tijolos, sem paredes.

A importância de Deus nas nossas vidas dentro e fora de casa, a fortalecer o ser humano a enfrentar, se preciso for, o Estado se este estiver errado, como fizeram grandes estadistas, como fez o maior deles, Jesus Cristo.

CAPÍTULO 19

O Estado

O Estado sou eu (je suis l'état) mas sabendo que o Estado é de todos também.

Os verdadeiros políticos tinham esta conscientização. Trabalhavam para o bem de todos. Eram bem formados.

O Estado é uma construção, de monumentos e túmulos, de palácios e barracos, de corruptos e de heróis. Sofriam por amor ao Estado mesmo sabendo que ninguém valorizava o seu amor, porque não sabem o que o amor é capaz de fazer. Fazer. Ninguém faz sem amor.

Vencendo e aprendendo com as dificuldades, dando exemplo de importantes repercussões sociais. O Estado não pode desprezar o amor, porque irá lidar com pessoas muito mais carentes de afeto do que de pão e remédio. O Estado, porque vocês são constituídos de almas.

CAPÍTULO 20

O afeto

A reencarnação para um estado melhor. Porque não ouvem a voz da consciência e não agradecem a Deus pela vida que tem. Digo as pessoas que têm saúde, pais carinhosos, irmãos companheiros, prestígio, dinheiro e fazem mau uso, fazem o mal, por livre e espontânea vontade até que a morte os separe.

Para dificilmente reaverem o fator mais prejudicado no desperdício de tudo, o afeto.

Começando novamente em situações diferentes, novas experiências, novos estados ou situações, novo Estado. Como, com quem? Com quem deu valor. Ou pavor.

CAPÍTULO 21

Deus pede antes

Mas Deus existe e pede antes, que faça da momentânea reencarnação a eternidade feliz.

A reencarnação é o bem. Mesmo que em duras penas.

A Terra sorri, comemora eventos, promove festas e festivais, parece feliz. Um mundo moderno que se afirma: a vida agora é outra, ou isso é coisa do passado.

E qual será a coisa do futuro? Onde pais e mães envelhecem, onde desemprego é uma carruagem sem condutor.

Não respeita as Leis, leis de ordem para uma nação feliz, para seus filhos mais felizes.

Ser humano sem palavra, "porque só não convém a ele". Prossegue pensando em vencer na vida, arrumar um emprego. Ter uma carreira profissional.

_ Lealdade, se o ladrão lá de cima rouba nossos impostos!

Mesmo sabendo que de cima não é uma expressão adequada a um ladrão, ele não importa em ser igual.

O ser humano brinca, se diverte, reergue Sodoma e Gomorra das entranhas e ruínas do passado; quer ficar livre do passado. Mas faz tudo errado.

Dai a César tudo que é dele. Mas se querem estabilidade na vida votem certo.

CAPÍTULO 22

Criação bem feita

Na vida a Lei é uma barreira à injustiça e uma porta ao progresso. A estrada é limpa. Progresso à estabilidade. Porque se na vida não houvesse estabilidade de que serviria a Lei? Mas a lei de Deus supera expectativas.

Criação bem feita, para ser livre e senhora de si.

A Lei, você a pratica a natureza majestosa se encarrega do protocolo. A Lei bem feita levando em consideração a capacidade e a incapacidade do ser humano, humana, tolerante por excelência, na medida certa de tempo e espaço.

Para todos sem distinção.

CAPÍTULO 23

Com o pé no chão

Vivendo, aproveitando a vida, o futebol, o samba e a valsa, a piscina e a praia, a família e os amigos, o amor. O que Deus nos concede sabendo que Ele poderá conceder mais se nós fizermos a nossa parte, carregarmos nosso fardo, é melhor que uma cruz.

Então organize-se, não faça contas, mesmo que não só você não saiba quando vai pagar. "Não vamos perder a cabeça" tentando pagar as contas lucrativas para os credores que não querem receber.

Porque nós todos sabemos o que fazer, antes de fazermos, antes de sofrermos. Mas para que sofrer mais se à vida se pode acrescentar mais. Ou Deus não possibilitou ao brasileiro ir ao espaço! Só não podemos é viver no mundo da lua.

Com o pé no chão. Nós podemos estar certos que vamos receber o nosso pago. À praia, porque o mar recebe seu sustento pelo valor que tem, pelo valor que oferece.

CAPÍTULO 24

Com suor e lágrimas

A liberdade se conquista com suor e lágrimas, mas é preferível a ficar encarcerado nas garras do egoísmo e da ganância irracional e desequilibrada. A liberdade, a dor, porque tem valor.

Mas conte com a ajuda de Deus e dos espíritos de luz, eles não irão lhe tirar a dignidade e honradez, pelo contrário.

Ser humano que não vê bem o seu redor.

O futuro. E não lembra do passado. Destemido pensa que Deus vai perdoar. "Eles pensaram assim".

CAPÍTULO 25

Ponto de vista

Que eles tenham cuidado com o autodespreparo.

Tudo pode mudar.

Pensam que Deus não reserva nada à terra. Muitos já amaram-na da maneira certa, o lado de cá está feliz com a surpreendente vida.

O mundo é perfeito, depende do ponto de vista.

CAPÍTULO 26

Um Francisco

Deus é amor.

Na Sua presença e na Sua ausência a compararmos os estados. E vermos o que somos no mundo um cisco ou um Francisco. E o que podemos fazer se o imediato assim o exigir. Sem dar tiro no escuro. Mas para resolver.

CAPÍTULO 27

Consciência

Ainda que tardia, mas pra que esperar?

Na vida o sacrifício pode mudar o rumo das coisas.

E não é à toa que o cárcere é feito sob medida. Medido em consciência por segundo. Como é importante uma encarnação, como é importante a lucidez!

CAPÍTULO 28

A mostarda

Saber esperar e reparar, saber comprar, saber oferecer, saber servir e não se decepcionar, saber continuar.

Em que à luz do Espiritismo Cristão faz a sua parte.

Como é importante a sua parte, a sua participação!

O mundo de muitos títulos e poucas atenções, muitas reuniões e poucas decisões. Mesmo assim decidem. Mas pra que as reuniões?

Deus é a baliza, se querem mais liberdade, às obras. Que sejam do tamanho de uma semente, é importante, senão Ele não teria criado a mostarda.

CAPÍTULO 29

Entenderemos

Espiritismo não é mexer com caixa de marimbondo. Entendam-no. O como e o porquê de tudo.

Você mesmo, caro leitor, e eu garanto, não ficará contente e feliz com Deus se Ele lhe der o peixe sem lhe ensinar a pescar, Lição de amor do Evangelho santificado.

Não existe liberdade sem liberdade espiritual.

Homens ricos e lindas mulheres exterminaram a própria vida por causa da insatisfação.

O que leva muita gente a renunciar a heranças para uma vida religiosa a exemplo dos padres e freiras? "Se não compensasse não renunciavam".

Renunciar para receber, quando dizem que a vida passa rápido. O mistério do tempo que entorpece o ébrio e o sóbrio. O homem é o senhor do domingo.

Vencer é se libertar. Mas, é possível? Para não sermos demagogos temos que acreditar.

Entenderemos porque Deus é Pai.

CAPÍTULO 30

Capacidade de ajudar

O pecado não é coisa do passado. Deverá ser.

Está na cabeça de cada um, que peca [12].

Então se afirmem, oh amigos de hoje, como potências na capacidade intelectual e moral a humilhar esse mundo vaidoso e orgulhoso com sua capacidade de criar mesmo sem dinheiro, mesmo sem ajuda. Capacidade de ajudar, e isto não é pra qualquer um, é mais raro que se pensa. Você e Deus na lógica suficiente, tudo que precisa para oferecer ao mundo mais, muito mais que o favor dele pôde lhe oferecer do seu direito.

---

12 Vide Evangelho conforme Mateus 16:27.

CAPÍTULO 31

Superior opinião

Deuses e deusas subordinados à razão, por exceção, a exporem o amor enfim. A magnanimidade dos valores pessoais que uma criatura pode atingir, vencendo cantos e recantos do nosso coração, onde as lembranças amargas são explicadas pela Superior Opinião. Pela dor ou pelo amor, mas nós voltamos para matar essa dor, dor da saudade. Não acredita no final. Porque Deus não poderia oferecer só isso.

CAPÍTULO 32

Imaginemos

Imaginemos um país, um planeta, um planeta Terra livre do mal. Onde há qualidade de vida, onde cada um de seus bilionários habitantes detém um extraordinário poder; por que não invencível? Onde há a conquista de todas as virtudes que um ser, a criação, possa ter sob a luz da sabedoria, do conhecimento e do amor ao bem. Onde a companhia e a amizade possam duplicar tudo isso. Em que cada minuto seja aproveitado imensamente certos da eternidade.

Uma sociedade – porque neste momento não percebo vocábulo mais adequado – pura.

Então inédita. Sempre um novo espetáculo a tornar os espectadores melhores, espetáculos evolutivos, obras plasmadas por entes soberanamente capazes.

Isto porque na Terra só existiu um Cristo dentre bilhões de homens e mulheres acompanhados bem ou mal de suas nuvens bilionárias de espíritos.

Imaginemos uma nação de seres Cristos, a entenderem as Leis e segredos do espírito e da matéria orgânica e inorgânica, aptos a manipulá-la com perfeição. Serão portadores de valiosas opiniões. Seres que encerram em si próprios a utilidade. Como quer Deus.

Um país do direito, porque o dever nós já sabemos qual é.

Boas notícias com utilidade pública e particular. Particularidade e doação. Paixão e amor, aproveitando a vida, conservando a saúde e recursos demais, merecendo.

Se nós podemos imaginá-la então é meio caminho andado.

CAPÍTULO 33

Um grande exemplo

Os exemplos da boa opinião, da boa sugestão realista, do parecer lógico, mas lógico mesmo, da boa ideia que cedo madruga e Deus ajuda, da boa vontade, exemplos do bom dia, exemplos de boa nova, da boa informação, da boa vida que não se desperdiça no ócio e na loucura da ambição.

Na boa fé, exemplos do que é bom, não restarão dúvidas.

De bom coração se faz um grande exemplo, porque o bom exemplo é a prática de alguma teoria, mesmo desconhecida.

CAPÍTULO 34

Não é só porque Ele está vendo

Deus existe e não é só porque Ele está vendo, é porque é feio.

A liberdade não é uma empresa faz de conta.

O ser humano se confunde com o todo-poderoso. Todo orgulhoso. Poderoso na sua ocupação destrutiva. Esquecendo de muita coisa devida. Da família do dever. Ou prefere a dívida?

Dá-lhes a luz da razão, porque vampiro não gosta de claridade. Dá-lhes a resposta certa, fugirão da cruz, fogem da responsabilidade pondo-a aos encargos do Estado.

Fugirão para onde?

CAPÍTULO 35

Eterna vida

Em qualquer lugar é lugar de se fazer o bem, fabricar, produzir. O Consolador de Jesus veio lhe inspirar a certeza da eterna vida muito melhor. Então você experimentará o teor da explicação exata à sua inquietude e lhe será como bálsamo. Grandes explicações, valiosas explicações do arquivo universal. Por ora deixemos que o ser humano busque seus objetivos, não podemos interferir. Interferiremos quando solicitados, tentaremos responder sem delongas, sem talvezes e sem mais ou menos.

CAPÍTULO 36

Acrescentar

Uma vez que Deus não precisa exibir Seu poder. Mas faz questão que obras apareçam.

Bendito é o dia que se aprende a viver com o necessário.

Glória, todos querem a glória, o que é certo. Diretamente proporcional ao esforço.

Há a lei de evolução e do trabalho. Qualidade total é o que se espera.

O eterno presente, senhor do sábado ao sábado. Decidindo e granjeando amizades nobres, eles, os exemplos arbítrios.

Que os imaginemos pelo menos – em teoria – porque o ser humano está sem credibilidade, um Brasil, e há quem diga muito corrupto, trocando a dívida externa pele "dívida interna", o que é a mesma coisa, mas o que vem a acrescentar?

CAPÍTULO 37

Na lei do amor

O potencial existe e situações surpreendentes também.

Que imponhamos a nós mesmos primeiramente as condições e disciplinas que pensamos ser perfeitas a outrem. Se as suportarmos poderemos recomendá-las, até impô-las na lei do amor. E se preciso for à base do chicote. Antes que vendam o templo e o pecado também.

CAPÍTULO 38

Às ordens

A Deus estaremos às ordens, porque jamais nos faltará luz.

À luz da razão o espírito irradia a solução que a revolta não enxergou, e se embrenhou no poder sem fã, na palavra oca, na ordem ineficiente.

O que vale mais, a medalha ou o torneio.

CAPÍTULO 39

Boa ideia

A presença das virtudes fazem a diferença. Desenvolvidas no espírito encarnado ou desencarnado a torná-lo mais útil que outros.

Na liberdade de pensamento conceberemos a liberdade espiritual. O Livro dos Espíritos expõe: Quando o pensamento está em alguma parte, a alma também aí está, pois que é a alma quem pensa [13]. Percebemos o valor da prece a Deus.

Quanto vale uma boa ideia!

Ideias-solução, no mundo de muitos problemas onde detalhes fariam a diferença, mundo macroeconômico que não resolve a microeconomia, mundo que subestima os espíritos, mas que vai ser um.

---

[13] Questão nº 89 a.

CAPÍTULO 40

Reconhecer e valorizar

Espírito eterno a aprender a se valorizar por aprender a se reconhecer.

Faça-se a luz, e a luz foi feita. Somos filhos deste Ser.

CAPÍTULO 41

Filhos de Deus

Nós somos filhos de Deus.

Nós O admiramos. Admiramos a vida, a lua e o sol, o frio e o calor, a nuvem e o céu. Admiramos a Sua obra. O ser humano admira o que vê.

O além, de lá vem o que não se espera. Sabedoria que não se enfeita para mostrar o que não sabe. Além disso sabedoria para ricos e pobres; pobreza-conseqüência.

Não sabe de coisas importantes que vai precisar, e que o dinheiro-meio não pode comprar.

Porque se soubesse fazer perfeitamente as coisas não existiria mais o além.

CAPÍTULO 42

Luz comandante

Reino da perfeição. É palavra de Jesus.

O que é a vida na Terra frente a luz comandante do pulsar do vaga-lume às explosões atômicas da estrela sol, a estabelecer sempre condições para a vida.

Sociedade de mesmos erros velhos "que não fizeram história nenhuma". Atenção então para o Alto que já está construído. Pronto. Feito. Não se compara.

Um grande reino, um grande motivo.

CAPÍTULO 43

Vantagens

Observe como liberdade e responsabilidade se afinam no mundo.

As vantagens.

Amar-Lhe, se as dores não dão tréguas; onde estão as vantagens? A vantagem está no amar.

CAPÍTULO 44

Os últimos

Bendito os que choram no mundo que "não tá nem aí" para as dores nossas e não liga a mínima para o nosso sorriso. Mas mesmo, mesmo assim quem ri por último ri melhor.

CAPÍTULO 45

Fazendo a nossa parte

Grandes domínios, pequenos domínios, mas a dor presente. A história é a melhor e maior testemunha que existe. A história dos líderes e liderados, dentro e fora de casa, com e sem dinheiro.

Mas como o que mais interessa é o recurso, contemos com Deus, fazendo a nossa parte, grandes potências não estão resolvendo seus "pequenos problemas". Nossa parte, nossa participação no certo mesmo que o errado não goste.

CAPÍTULO 46

Primeiro mundo

Seja feita a vontade de Deus e ver-se-á quanta injustiça já se cometeu em silenciosamente discordar disso.

Erros velhos ainda problemas de hoje.

No primeiro mundo "estão se vendendo a alma" para ter tudo, menos participar do sonho de liberdade instalado na criação das grandes nações que alcançaram certo grau de liberdade espiritual, na benção da reencarnação, cm que o Brasil detém "o mando de campo" na presença do Espiritismo codificado por Allan Kardec e que grandes nomes pregam a Sua palavra como outrora os apóstolos.

CAPÍTULO 47

Onde é preciso observar

São fatos, em que a luz da razão explica a conseqüência dos atos, exatamente onde é preciso observar. Onde o jejum não cicatriza e o perdão não isenta.

CAPÍTULO 48

Lei e liberdade

A prática de nossas convicções é a liberdade que alcançamos, ou a desilusão que carregamos. O Espiritismo a desfazer a utopia e misticismo. Porque a vida sem resposta é mar de tormentos. Até que aprendamos a praticar a Lei.

Lei e liberdade, neste sistema não há corrupção. Porque senão nada mais valeria a pena.

CAPÍTULO 49

Santo de casa

No mais santo de casa não faz milagre. Pensando assim os irmãos de José do Egito o venderam como escravo, e da Galileia sairia coisa que prestasse?

. . .

CAPÍTULO 50

Atos

Este mundo aloprado a comemorar as sextas-feiras nas dívidas diversas. Presos então. Liberdade, como o pássaro cativo não lhe desfruta após vários anos de gaiola, o ser humano não lhe alcança porque a liberdade do pensamento se compromete com erros resultados dos atos.

Não nos deixe cair em tentação.

Ou não há o mal? . . .

CAPÍTULO 51

Preparação para a vida

Joana d'Arc, Gandhi, Pedro II, Tiradentes.

Moisés, Jesus Cristo, o Espiritismo a responder e satisfazer as incertezas que impedem o ser humano de agir certo perante a necessidade inevitável de preparação para a vida.

Façamos com esmero a nossa obrigação porque na expressão do amor receberemos nossa recompensa, porque Deus é justo e não muda de opinião.

CAPÍTULO 52

Compreensão

O amor é incompreensível pelo ser humano, porque o ser humano substitui a compreensão pela vaidade. Mas cada um levará a sua carga [14].

---

[14] Vide Epístola de Paulo aos Gálatas 6:5.

CAPÍTULO 53

Na nossa vida

Resguardemo-nos das desilusões para que possamos perceber a presença e as vantagens do misterioso Deus na nossa vida.

CAPÍTULO 54

Pensamentos

Liberdade se alcança com pensamentos verdadeiros.

CAPÍTULO 55

Uma boa equipe

Também pudera, como se queria conquistar o mundo ao tronco e à senzala se uma boa equipe, ou um *"dream team"* veste a camisa por amor à pátria e à bandeira, a vida pela nação que evoluiu, que se enriqueceu e compreendeu o valor da sua sociedade, da civilização, dos sonhos possíveis, porque eram hipóteses desconhecidas filhas do passado e seus potentes navios.

CAPÍTULO 56

Direito

O Brasil precisa se organizar. Precisa se colocar na posição do assalariado, nas suas vinte e quatro horas que tem para passar o dia. Precisa cientificamente compreender que a falta do mínimo lhe fará sofrer mais e muito. Um pingo é letra quando se concebe a sagrada expressão do direito. Usurpado por interesses escusos e escuros sustentando a letra morta em normas convictas. O direito, a base da democracia conquistada a sangue em que missionários de hoje acovardam diante do diploma adquirido em academias e faculdades famosas em longos anos de aulas e palestras em dias de cola.

CAPÍTULO 57

Organização

Organização de acordo com as necessidades e direitos sagrados do ser humano mais pobre como de acordo com as necessidades e direitos sagrados do ser humano mais rico. Se querem a valorização da brasileira seleção.

Não sabem o que fazem.

Mas não sabem o que perdem. Perdoa-os.

CAPÍTULO 58

Preferível

Eu prefiro a independência. Prefiro a boa música, o bom papo, a boa ideia. Prefiro o sol e a lua. E as grandes descobertas. Prefiro o romantismo e um grande motivo. Prefiro admirar os heróis e heroínas que mesmo no martírio de suas existências exaltaram a mensagem que a vida compensa, esta certeza é deles. Prefiro o mar e seus mistérios, a boa notícia, o engrandecedor à tragédia, porque são artistas viciados. Mas existe um mundo evoluído. Aqui a possibilidade. Existe a fé, aqui poucos exemplos, existe a humanidade, aqui o nome, existe a união, aqui a traição. Mas mesmo assim compensa. O amor compensa. O heroísmo compensa. A dor. O silêncio.

Quando eu era criança eu gostava das coisas de criança.

A realidade é outra coisa.

Preferível mil vezes preferível.

CAPÍTULO 59

Vida em abundância

Acostumaremos com ela, agradeceremos a Deus o aprendizado, a descoberta e a juventude eterna a gozar a vida em abundância sem reumatismo e sem traumatismo.

CAPÍTULO 60

Respeito

Respeito ao livre-arbítrio, ou vontade alheia, expondo cientificamente a possibilidade e a réplica.

CAPÍTULO 61

Eu e Deus

Convencendo a mim mesmo que pra vencer na vida se faz como antigamente, eu e Deus.

CAPÍTULO 62

A mesa

Prefiro o dom, porque beleza não põe mesa, eu prefiro a beleza.

CAPÍTULO 63

Deus que me livre

Eu prefiro a santidade porque o brasileiro conhece a dor e a depressão. Eu não. Deus que me livre. Viver na segunda divisão da vida sempre, eu não nasci para isso.

CAPÍTULO 64

O homem mais livre

De dois um Ele existiu ou não, entretanto mesmo que não tenha existido aproveitemos os bons pensamentos no Evangelho. O cumpridor da vontade do Pai, mas o homem mais livre que existiu; parece estranho.

CAPÍTULO 65

À vontade

Democraticamente perfeito. Convenceu. E os seguidores seguiam-No e não entravam nos palácios porque os portões estavam fechados. Construtores de solidão de lá pra cá em sofisticados automóveis. À vontade. De quem mais?

CAPÍTULO 66

Será bom

Cada um carregará a sua carga. Bom será se for livre sem grotescas algemas com o passado – ou um futuro culposo.

CAPÍTULO 67

Alma viva

Ser humano que voa, que atravessa o mar como antes o mais simples e corriqueiro. Porque não havia uma alma viva que pensasse nisso.

CAPÍTULO 68

Espaço

Mas é preciso saber resolver. Num mundo onde ninguém sabe onde é o céu. Que nos aprimoremos onde estamos "porque espaço não falta".

CAPÍTULO 69

Aproveitar o dia

Quem muito abarca muito aperta, mas querer não é poder, Deus não dá asas pra cobra, tenhamos fé, vamos aproveitar o dia porque trabalho é benção.

CAPÍTULO 70

Maravilhoso mundo

A vida também é outra coisa. É a vitória sobre si mesmo, é personagem útil neste maravilhoso mundo explorado.

CAPÍTULO 71

A vida bem vivida

A vida bem vivida pra sempre, sempre ativa da infância à terceira idade. E vice-versa.

CAPÍTULO 72

A Árvore

A vida é preservação principalmente espiritual.

Eu não tenho nada a perder porque quem aprendeu as coisas de Deus se sente tranqüilo.

Então entenderemos o mundo, entenderemos a obra de Deus, o fruto. Conheceremos a Árvore.

CAPÍTULO 73

Se Deus quiser

Como sou um filho de Deus cuido da minha consciência, procuro fazer – se Deus quiser – e o tempo passa.

CAPÍTULO 74

À mesa

Deus é inteligência ativa, sem vaidade, não tem sequer um trono, entretanto se preocupa com as coisas comezinhas do mundo, diferente do ser humano destacado que não tem tempo. Só que terão que resolver os problemas mesmo assim, com, ou sem tempo.

Olhos para o futuro.

Estabilidade, porque ela nos faz sentar à mesa com nossos inimigos e nada de mal nos acontece.

CAPÍTULO 75

A favor

Porque Ele veio ao mundo – jogar pai orgulhoso e preconceituoso contra filho que percebeu algo revolucionador na luz da inclusão, o Evangelho na íntegra, nora contra sogra que quer os netos bem de vida; veio lançar fogo ao mundo sob o anseio que ele queime bem rápido. Irmão contra irmão, mas seria melhor a favor, quando não se sabe o que é certo e proveitoso para o futuro do filho, dos netos, do irmão. Não se sabe para si próprio.

CAPÍTULO 76

Amizade

Porque todos precisam de um amigo para se libertar.

Deus existe e está presente na vida daqueles e daquelas que dão valor à vida, valor à humanidade, valor às virtudes que engrandecem a criação, distinguindo-as nas multidões, no tempo, na família. É muito importante uma amizade.

É preciso merecer ter um amigo, é preciso mais ainda merecer ser um amigo.

CAPÍTULO 77

Realidade

Mesmo assim o amor compensa. Num mundo belo e rico, poético e vasto, misterioso. O que poderia ser incessante inspiração aos artistas, interessantes documentários aos repórteres, motivação aos economistas se se considerasse que muito ainda não se sabe do lado invisível da realidade. De Deus.

Mas a dor permanece e castigo de Deus é algo desacreditado, será que Ele estará sempre, permanentemente perdoando o ser humano que está sempre, permanentemente errando, sem arrependimento pelas coisas feias e egoísticas que faz e que se pudesse passaria também Deus pra trás.

CAPÍTULO 78

Em dia com a Lei

Não percebe que a saúde vem de um espírito saudável, em paz, estando em dia com a lei natural.

O ser humano somente progredirá excluindo de seu relacionamento as leis particulares.

CAPÍTULO 79

Venceram

Há os que venceram coisas assim.

Alta sociedade incompetente, a cada um conforme a sua obra. Obras de um pedagogo, de um magistrado, de um sacerdote, de um empresário que renuncia à vaidade e à gratidão porque sabe que o Superior o observa preferindo a obra, a resolução, o futuro certo. Mas, perguntar-se-ia, quem pode garantir esse futuro?

Quem pode garantir esse presente?

CAPÍTULO 80

Riqueza

A riqueza no tempo, bendito é o Seu nome, Cristo de Deus, porque Deus é justo.

O amor ao próximo é a causa, amor-participação, amor-compreensão, amor-observação, amor-prudência, amor perfeito.

Há motivos ocultos, entendimento em forma de recompensa.

CAPÍTULO 81

Assistência social

Sabedoria sem vaidade para saber lidar com a vida. Ele a trouxe à Terra. No trabalho da assistência social e da "antissocial".

Deus não criou a vida para a morte, e sim a morte para a vida.

Ele não veio ao mundo a passeio, veio ao mundo a trabalho trazendo o conhecimento do céu [15].

Mas nem todos admiram Suas leis.

Sem problema, não vamos nos aborrecer com o descaso, mas, problemas mil. Novecentos e noventa e nove criados pelo ser humano.

Deus está do lado da Justiça.

---

[15] Vide Evangelho conforme João 8:58.

CAPÍTULO 82

Bons motivos

Sim, o preço da felicidade é alto. Todavia o barato sai caro.

Organização, ela só existe por obra do bem.

Estamos tratando de céu, do que vem de cima, do que em noite de Natal trouxe a seus pais a alegria que tinha, a missão de fazê-la perdurar expondo a todos bons motivos, ou seja, razão para que qualquer um de nós nos dedicássemos em causas coletivas, mesmo familiares, nunca apenas.

CAPÍTULO 83

Reencarnação ou exceção

Pôs no mundo Jesus Cristo para libertar o ser humano sem ser relevante no momento se pela reencarnação ou pela exceção.

CAPÍTULO 84

Grande equilíbrio

Ele libertou, é o que interessa. Conseguiu, venceu em Sua missão.

Soube se apresentar como Filho de Deus.

Porque nós todos somos os outros, em meio a palavras e obras.

Obras d'Ele. Nós obras d'Ele.

Alta sociedade que tem coisas importantes para fazer, mas as outras também têm. A vida continuará para injustiçados e injustos, mas que é Deus? Ele será o que entendemos ser, ou algo mais? Por que a natureza se formou em grande equilíbrio a fazer razão e beleza? Geraria caridade?

Todo corpo permanecerá parado se uma força não agir nele [16], o que ou quem impulsionou a criação? A obra?

---

[16] Isaac Newton.

CAPÍTULO 85

Infinito valor

Porque a vida tem o infinito valor.

Mesmo que vendam o peixe como se tivesse uns quilos a mais, mesmo que ninguém esteja vendo.

Vendo as vantagens de dar honra a César e glória a Deus. O pensamento é um atributo de Deus posto na criação para ela fazer bom uso, usá-lo como poucos fazem, como os campeões fazem.

CAPÍTULO 86

A expressão do amor

Oh meu eterno "Pai" Jesus Cristo que saudades!

Saudades dos tempos das belas valsas vienenses, a era da classe, a era do voo, a era da visão industrial, era dos abolicionistas.

Deus não precisa de uma muralha para demonstrar a Sua força e nem um ser humano precisa se pregar numa cruz para fazer valer a expressão do amor. Precisam um do outro para compor a linda valsa da saudade imperando juntos em meio a uma sociedade altamente invejosa, caluniadora, porque não faz, porque não se esforça. Porque não necessita, ou não quer? Quem não quer? A sociedade ou a alta?

CAPÍTULO 87

Ângulo da perfeição

Alta sociedade com licença ponha de volta a dignidade aos ombros do proletariado, a luz do direito é o que precisa imperar no mundo. Ao Senhor teu Deus adorarás e a Ele só servirás [17], se soubesse ver o mundo do ângulo da perfeição, dentro da Lei, dentro da organização, objetivo de tudo.

---

[17] Evangelho conforme Mateus 4:10.

CAPÍTULO 88

Não foi de mãos vazias

Nossa certeza continua. Obras então para justificarem a cruz e o sacrifício do Mestre que veio ao mundo e voltou. Mas não foi de mãos vazias.

CAPÍTULO 89

Inovação e motivação

Só o amor constrói, a espada gera a revolta. Ao contrário da inovação que gera motivação.

CAPÍTULO 90

Os simples de coração

Foram os simples de coração que passaram pela
Terra construindo para a humanidade.

CAPÍTULO 91

A lógica

Justiça, perfeitamente justos, é atributo dos espíritos superiores, o que é lógico. A lógica então se concilia com a bondade.

CAPÍTULO 92

Bondade

Bondade que chora em secreto, sinceramente, participativamente, rogativa, leal, corajosa, heroica, sem máscara, contente, persistente, religiosa, que prefere o esforço, que acredita, que tem certeza, que aceita e espera, bondade que tem bom gosto e sabe que a sociedade precisa de boas coisas, precisa de qualidade e dinâmica, bondade imprescindível, de dia e de noite, presente, freqüente, confiante e confiável, bondade subestimada e não entendida, desperdiçada. Bondade adquirida, conquista valiosa, capacitação, fortalecimento, responsável, presta, virtude e dom, bondade que vibra, que reparte, que age, então repercute em obras, evolução. Para saber o que fazer. Para saber fazer.

E Deus se serve apenas destes, é responsável.

CAPÍTULO 93

Construção

O Pescador de Homens, quem mudou a vida de muita gente. Ação e reação, mas só o amor constrói.

CAPÍTULO 94

Filhos de Deus

Entretanto o Espiritismo não conta como tesouro somente a reencarnação, ele é o espírito. Quer ressaltar o valor do filho de Deus, dos filhos de Deus.

CAPÍTULO 95

O poder

O caminho, a verdade, a vida orientação na hora certa.

O ser humano procura o dinheiro, o poder e se não souber desempenhar? Vai despencar, porque quanto mais alto maior o tombo.

CAPÍTULO 96

Mudanças

Ser humano que "espera" por mudanças, como serão essas mudanças? Ou estará preparado diante delas, ou não, mas como não se sabe como serão as mudanças . . .

É bom contar com Deus, politicamente, ou religiosamente, mas com sinceridade para não ser cortado e lançado ao fogo como relata a Bíblia. Que também relata bem-aventurados os bons, os simples, os mansos e humildes, porque esses são melhores, são mais evoluídos senão Jesus Cristo não perderia tempo.

CAPÍTULO 97

Bom senso

O Mestre, Deus ou Homem, questão de palavras.

Questão de bom senso.

CAPÍTULO 98

A nossa casa espiritual

A nossa casa espiritual tem que ser construída sobre a firme rocha do conhecimento e da bondade.

Sociedade, piedade. Nós não precisamos da caridade dela. Precisamos é do direito.

CAPÍTULO 99

O grande líder

Porque o grande líder se sacrifica para o bem dos seus liderados mesmo que abdique do reconhecimento. Tem amor de mãe por eles.

CAPÍTULO 100

Excelência

O grande líder não se martiriza se sacrifica.

A abelha rainha por excelência o mel, as aves migratórias a enfeitarem o longo dia e noite, mamães caninas que criam seus filhotes sem dinheiro, sem caridade, a pedradas e pauladas, o amor porque é forte.

CAPÍTULO 101

No mundo de muitos líderes

No mundo de muitos líderes, poderosos, temíveis e terríveis; preocupados e confusos, ricos, equipados. Esquecendo-se da paz.

O inconsciente coletivo também os atinge.

Como um líder pode ser líder sem o concurso da razão?

CAPÍTULO 102

Tesouros do céu

Porém o que levou Jesus Cristo ao sacrifício da tolerância, indo ao Pai levando como bagagem os tesouros do céu. Incorrosíveis pela traça, incorruptível pelos outros.

CAPÍTULO 103

Ferramenta palavra

Líderes como Chico Xavier que entenderam o valor do suficiente e necessário para viver. Como Mahatma Gandhi que fabricava as próprias camisas, como o militar que saiu do interior, acreditou mais em Deus que outra coisa, foi Presidente, construiu, abraçou gente simples por amor ao próximo, combateu o bom combate sem disparar uma bala sequer. Ou duvidam da ferramenta palavra?

CAPÍTULO 104

Ordem, decência e progresso

Que tudo seja feito com decência e ordem, se se quer progresso, com alegria e paz.

CAPÍTULO 105

Saber esperar

Paz sim não mesmice. Porque é possível entendimento, apenas devemos continuar, saber esperar é virtude.

CAPÍTULO 106

Um valioso livro de história

Porque beleza é a Sua obra, inteligente, porque faz seres superdotados, desenvolto, porque gera todos os dons, detém o conhecimento, um valioso livro de história – a mediunidade.

CAPÍTULO 107

De maneira simples

Então a expor de maneira simples, clara, um dom de difícil controle, intolerável por quem não possui argumentos suficientes. Mediunidade na Terra, sem testemunhas do pecado.

Ou sem heróis do sentimento? . . .

CAPÍTULO 108

Outras ainda

Mediunidade com a possibilidade lógica e calma de aclamar: Já não sou eu quem vive, mas o Pai que vive em mim. Mas o que dizer se, vós podeis fazer as obras que Ele fez e outras maiores ainda [18].

---

[18] Vide Evangelho conforme João 10:30, 5:17 e 14:11-12.

CAPÍTULO 109

Bom motivo

Há sempre um bom motivo para continuar se se concebe que Deus jamais foi abalado, melindrado, coagido ou, ofendido.

Estamos nos referindo ao Poder Absoluto da vida, a grandeza existente, criador da natureza, da matéria-prima mais resistente, e da beleza dos instintos maternos de proteção, do equilíbrio dos fluidos, da condição de vida, da verdade da eternidade.

Deus apenas invisível, mas veja quem tem olhos de ver, porque um pingo é letra quando a caligrafia expõe a razão, ouça quem tem ouvidos de ouvir [19], a voz do Além aclama para Deus.

---

[19] Vide Evangelho conforme Marcos 4:9-11.

CAPÍTULO 110

Cor e brilho

Sem bondade ninguém adentra nos pórticos sagrados do Além. A vida na Terra seria outra se a bondade prevalecesse. Construções públicas exemplo de utilidade, moradias seguras e práticas, automóveis silenciosos e funcionais, indústrias de primeiro mundo, de um mundo desconhecido, porque o ser humano não se conhece a si próprio. Bondade se se quer cor e brilho, se se quer liberdade.

CAPÍTULO 111

Tem remédio para tudo

Mas a legislação humana não consagra ao homem ou mulher todos os direitos. Perfeito. Porque existe Lei. Deus é responsável, Ele é humano, não gosta de ver um filho Seu revirando um lixão procurando comida quando outro filho Seu em mercado público tritura frutas e verduras que não vendeu para que os fregueses precisem comprar. Tem rcmédio para tudo.

CAPÍTULO 112

Para quem cumpre a Lei

As maravilhas do mundo espiritual que fazem a criatura pensar diferente. No reino de Deus liberdade só existe para quem cumpre a Lei, nele é diferente.

CAPÍTULO 113

A utilidade de tudo

Bendita é a terceira revelação Divina.

Bendito tudo que é Divino. O lado certo da vida. A melodia de Ray Conniff, os dribles de Garrincha e Pelé, a arte de Aleijadinho. A elevada altura das aves de rapina, a utilidade de tudo.

CAPÍTULO 114

O obreiro

Onde está o talento que o pecado faz obscurecer, onde está a inteligência da obra se o obreiro não se aperfeiçoa pelo esforço, onde está Deus que me abandonou? . . .

Que pensa, que sente, que ressente e não perdoa. Que não tolera, quem é o culpado? Erros novos dos velhos vícios, escravos do pecado.

CAPÍTULO 115

O mundo inteligente de Deus

A oração então. Porque ela é pensamento superiormente utilizado, como Jesus Cristo pensou. Como é belo Seu mundo! Como é mais belo ainda o Seu mundo inteligente!

CAPÍTULO 116

Mais vida mais beleza

É preferível um herói morto a passar pela Terra e deixar só os vindouros acertos.

Mas quanto mais vida mais beleza, ou seja, quanto mais talento, dom, desenvoltura, inteligência, naturalidade, força e equilíbrio, sabedoria, coragem e presteza, compreensão, agilidade e sutileza, capacidade de fazer, mais motivos pra viver.

CAPÍTULO 117

Dignidade

Ele nos disse das coisas do céu e não sabíamos das coisas da Terra.

A você que sempre se manteve digno na vida, dignidade não é defeito. É assim que a criatura consegue sintonizar com a fonte de soluções existente onde outros falharam. Então recebem a sua recompensa, o mundo do jeito que está.

O mundo vai receber a Sua palavra novamente.

Outrora os apóstolos salvaram o filho das trevas da ilusão. Acredite porque a Lei oferece a recompensa quando não está oferecendo a punição.

CAPÍTULO 118

Calma e paciência

Porque deixam de atender a um desses pequeninos. Porque são ríspidos e desalinhados, são mal-educados.

Referente àqueles, calma e paciência o mundo não foi feito na noite para o dia. Acredite, acredite que Deus pode tudo, pode tanto e em tão curto espaço de tempo que criou a Lei.

CAPÍTULO 119

O lado certo da vida

Outros usaram do bom senso.

A ponto de perceber o lado certo da vida, as maravilhas do cosmos, porque tudo é bem feito, amor é uma característica de nascença, intrínseco à criatura, ou, será que também o poeta não está tendo honra em sua pátria?

Mas uma pátria precisa de seres inteligentes, precisa de amor senão não vai ser amada.

CAPÍTULO 120

Através da fé

Não que eu esteja com medo de morrer de fome, não, digo em nome da cultura, em nome do dom porque nada muda nesse país. Mas é preferível continuar como está a mudar pra pior. O bom é que o tempo passa, Deus é sábio.

Ele usa da rosa para demonstrar o que é capaz. Ele usa dos filhos d'Ele para levar ao mundo uma descoberta, ou uma invenção.

Arte da natureza infinita, Ele criou o espírito à Sua imagem e semelhança.

Através da fé a criatura humana verá algo além, um dia após o outro, a vida pela frente. Sempre à frente.

Deus usa do bom senso, usa de um bom instrumento, o ser humano que cumpre a vontade de Deus é usado por Ele, mesmo que não acredite em mediunidade, em Espiritismo, em reencarnação.

Herdarão a Terra, entretanto é melhor herdar o céu.

CAPÍTULO 121

Porto seguro

Momentos de eterna lucidez e paixão.

O futuro depende do presente, mas depende muito mais de todos nós.

A força de vontade, greves de fome em prol da paz, misericórdia papal dentro do cárcere, o reconhecimento de que todos somos irmãos, vivendo e aprendendo com enfermos e inválidos. Quando poderiam estar do outro lado do mundo. Se não fosse a força de vontade de superar-se a si próprio.

O ser humano está muito distante da perfeição.

Através do Espiritismo e o "reconhecimento" do Evangelho, informação precisa, orientação certa, a paz que o mundo não pode dar.

A paciência é o motor funcionando em equilíbrio. É o avião seguro e com boa margem no percurso, é barco em águas calmas, é porto seguro.

CAPÍTULO 122

Vence a sorte

Amor espiritual, amém Jesus Cristo único de Jerusalém além do amor da Terra convencional e moderno. Amém Jesus de Nazaré Cristo além do mundo material e cordial que alegam que honesto não vence na vida. Vence a vida e a morte, vence a sorte.

CAPÍTULO 123

Sua vontade

Deu à vida a paixão. Mas qual paixão? . . .

A dor não foi Ele que trouxe à Terra, só que querem impor-lhe a culpa, a insatisfação. Seja feita a Sua vontade Mestre médium de Deus.

CAPÍTULO 124

Não vendo

Liberdade da minha pátria tão amada que não vendo. Ou, o que compensaria no mundo? . . .

O que é ou será razão para os carentes viverem se o dinheiro faz a diferença, mas devia fazer a igualdade.

CAPÍTULO 125

Razão de ser

Fazendo o que é certo nós estaremos fazendo o que Deus espera de nós, agindo certo a reação será benéfica, positiva, profícua, a conquista do nosso espaço. Em que a juventude fundamenta o futuro com mais ou menos responsabilidade, em que o albatroz repete estação à estação a grande viagem, porque tudo tem uma razão de ser.

Se se concebe liberdade é porque ela existe.

Há dois mil anos, veio tirar o pecado do mundo para que o talento pudesse aparecer.

CAPÍTULO 126

Porque venceu o mundo

Pena que esta geração não conheceu os Apóstolos, muito menos os Ministros d'Ele. Pena que sabe muito pouco do Grande Homem. Ou quase nada. Entretanto uma coisa todos percebem a Sua ascendência moral. Porque venceu o mundo.

CAPÍTULO 127

Um passo a mais

O Exemplo mais vivo que se pensa.

A dor que concebe o paraíso, a Terra que pensa no céu, a vitória nos padrões humanos sem a culpa, ou a nódoa do crime, sem remorso, porque no Brasil quem é honesto caminha, dá um passo a mais e não faz tocar sempre a mesma música.

CAPÍTULO 128

Caridade

Então se não se pode mudar o mundo mudemos.

Fortaleçamo-nos para que o mundo não nos modifique.

Quer obras concretas ou abstratas, e Ele tem razão.

Mas sem igreja não há salvação, não há revolução, porque a caridade na íntegra é mudança para melhor, é libertação do preconceito e do pré-conceito.

CAPÍTULO 129

Espiritismo

Planeta água, planeta azul, mundo que precisa ter conhecimentos da vida espiritual. Nosso relacionamento com as leis universais, a vida no cosmos em harmonia com Deus.

Existe algum defeito ou injustiça por parte da Divindade que faria alguém desistir da vida? . . .

Criatura que sofre, mas detém a religião espírita que expõe, e convida legalmente o ser humano a parar de pecar, os mesmos pecados que conforme a Bíblia enfraquecem-no [20].

A exposição da alternativa, respeitando e admirando a ciência. Exaltando a Deus como o grande valor.

À luz da serenidade, estudando a verdade retendo o conhecimento de fatores naturais que

---

[20] Vide Evangelho conforme Mateus 6:22 e 5:13.

proporciona   segurança   à   vida.   Sacrossanta
possibilidade que ensina construir o futuro.

Futuro sólido, sem dependências.

CAPÍTULO 130

O Alto conduz com lealdade

Mundo que poderá se regenerar, sacudir o jugo da trapaça e ser mais inteligente, mais esperto e não subestimar o invisível que praticamente conduz o ser humano. O Alto conduz com lealdade [21].

CAPÍTULO 131

Valorizemos

É preciso sim uma mudança radical, mas consciente.

"Pesando valores", calculadamente humana, à luz do Evangelho. Para isto Ele veio ao mundo.

Para tanto valorizemos a tolerância, o silêncio, a palavra esclarecedora, a prece, o trabalho, o trabalho bcm feito. Porque esse país tem jeito, para Deus nada é impossível.

CAPÍTULO 132

Nova chance

Quem trabalha soma pontos.

Se se aproveita da oportunidade.

Redimindo-nos de um passado que, com certeza, somente uma misericórdia como a de Deus pôde nos proporcionar nova chance.

O merecimento é um sentimento indescritível e não se vende nos supermercados, é a criatura que corresponde aos objetivos nobres.

CAPÍTULO 133

Meta e dever

Ao que lhe é traçado como meta e dever pela Sabedoria que incansavelmente se ocupa de todos, de maneira misteriosa e poderosa, até que não se tenha má impressão do discriminado espírito. Tanto quanto de Deus.

CAPÍTULO 134

Atendimento

Mas a Terra necessita do Alto. E o Alto sabe quando lhe atender aos apelos.

Vida obra sagrada e de infinito valor. Valor, eis o que falta ser reconhecido.

CAPÍTULO 135

Verdade eterna

Deus faz tudo certo, mesmo que Ele tenha que contrariar.

O direito, luz que guia a vida e faz do ser humano um sonhador. Jesus Cristo é a verdade eterna a confundir.

CAPÍTULO 136

Cultura

Entenderemos a Deus se nos dispusermos a evoluir, "mesmo que o mundo estacione no pecado", porque a evolução não vem do mundo, Ele não era do mundo.

Deus é o primeiro a querer a sua estabilidade. Mas o que se necessita mais? Se se pensa em mudanças por que não em evolução?

Necessita-se de cultura. Se podemos acrescentar, ou não esquecer que seu significado e demais abrangente.

CAPÍTULO 137

Para fazer lembrar

Cultura, ela é uma dádiva de Deus posta ao mundo para fazer lembrar que o Seu reino está dentro de nós, muleta de uma sociedade deficiente.

CAPÍTULO 138

Direção

Mas, afinal, o ser humano, ele não reprova a má companhia do seu filho pensando: o problema do meu filho é a sua companhia. Mas esquece, às vezes, que o problema da companhia do seu filho é o seu filho. Exila o político construtor e quer resolvido o problema do desemprego. Ser humano que não colhe o bom fruto, que ostenta e passeia, que reza e peca, que trabalha pra si. Despreparado para comandar e ser comandado, e que precisa de uma direção. Precisa muito de paz. Mas é o amor que faz.

CAPÍTULO 139

Oferece a quem merece

Deus vê tudo microscopicamente tudo, oferece a quem merece, porque trabalha. O lavrador, o professor, o religioso, o médico, o carcereiro. Até o prisioneiro que arrepende e se redime. Ele no madeiro da cruz, ou palanque de dor mostrou ao mundo o "bom ladrão" que dentro de minutos estaria com Ele no reino de Deus.

CAPÍTULO 140

Coerência

O maior de todos os homens usou sempre da coerência, a perfeita explicação, a compaixão, a misericórdia para mudar as pessoas. Uma perfeita afinidade com o Pai, dignidade, digno do Pai.

Dignidade à mudança, dignidade à evolução, à integridade, porque a fama poderá existir. Então é bom se pensar em estabilidade, porque ninguém vai querer mudar outra vez.

CAPÍTULO 141

A fonte do saber

Vários foram os santos que deram seus testemunhos. Grandes são os espíritas que se conservam respeitadores, corações amadurecidos que trabalham com afinco e competência, porque entendem de valor. Sabem que a fonte do saber pertence a Deus. Humildes por compreensão e dentre estes também ricos economicamente que adentram nos pórticos da luz, cristãos verdadeiros.

Somente Deus pode estabelecer uma atividade, um movimento, uma sociedade fundamentada em princípios. Os Dez Mandamentos, o Evangelho, o pensamento que se materializa para lembrar e explicar satisfatoriamente, pacificadores.

CAPÍTULO 142

Como se Ele estivesse aqui

Mas o que tem a sociedade a perder se a criminalidade foge do controle, se a droga mata de preocupação.

Discriminar o Espiritismo é dar prova de desamor ao próximo mesmo que nele professem ignorantes do seu moral.

A Doutrina Espírita prossegue como se Ele estivesse aqui a questionar:

_ Todo o reino dividido contra si mesmo será assolado, e cairá casa sobre casa. Pois se Satanás está também dividido contra si mesmo, como estará em pé o seu reino? Porque vós dizeis que em virtude de Belzebu é que lanço fora os demônios [22].

Muitos deles diziam:

---

[22] Evangelho conforme Lucas 11:17-18.

_ Ele está possesso do demônio, e perdeu o juízo; por que O estais vós ouvindo [23]?

Diziam outros:

_ Estas palavras não são de quem está possesso do demônio, acaso pode o demônio abrir os olhos aos cegos [24].

Lamentavelmente a lógica e a coerência não convenceram.

Mas, Deus por nós é o reino Divino que se multiplica.

---

[23] Evangelho conforme João 10:20.
[24] Evangelho conforme João 10:21.

CAPÍTULO 143

A palavra de Deus

A palavra da salvação obviamente deverá emanar de Deus. Mas não bastariam os relatos bíblicos para fazerem da Terra o reino Divino. Repetitivos e entediantes. A que a rotina eclesiástica implantou nas pregações sem respostas e explicações novas para questionamentos e dúvidas recentes. A palavra de Deus não se cala.

CAPÍTULO 144

Antes desconhecidos

Para isto os Enviados sucederam outros Missionários a fazerem brilhar a luz da inovação, como acontece na ciência, e seu objetivo Divino entre os seres humanos. Por sua vez a inovação religiosa tem a finalidade de entusiasmá-lo nas perquirições espirituais como alimentos mais nutritivos ou remédios antes desconhecidos.

CAPÍTULO 145

Algo imprescindível

Deus criou o mundo através de misteriosa capacidade.

Riqueza e abundância são as características da Sua obra, então se faz preciso apreciadas sentenças para definirem o todo perfeito que é constituído pelo Criador e Criação. E eu rogarei ao Pai, e Ele vos dará outro Consolador, para que fique eternamente convosco [25], o que faz notar a necessidade e continuidade da pregação da palavra superior inovadora. O Consolador prometido é ajuda de Deus. Algo imprescindível.

Na veracidade da promessa do Grande Amigo são Céu e Terra em reunião.

---

[25] Evangelho conforme João 14:16.

CAPÍTULO 146

Providências novas

Problemas novos não cessam e que poderiam ser amenizados com aqueles ensinamentos da antiguidade mestra e apostólica, todavia no progresso tecnológico e liberalismo social se faz preciso providências novas em que no "devassado mundo científico" ainda se nega ou se espera a comprovação da espiritualidade e da existência de Deus.

Somente um fator moral pode explicar a infelicidade do ser humano que pode se comportar melhor sem muitos esforços e sobretudo sem outros sacrifícios.

CAPÍTULO 147

Prima por utilidade

A crucificação foi permitida por Deus uma vez porque Ele sabe da sua utilidade, mas o que se fará pensar que o Consolador prometido receberá do planeta a mesma ingratidão. A palavra de Deus prima por utilidade, tudo que emana de Deus é útil e Ele exalta o mártir e não o martírio.

CAPÍTULO 148

Minha divisa

O amor de Deus por todos é a causa da vida. Ele é paciente perfeitamente. O livre-arbítrio é a essência da obra, todavia Deus respeitando a vontade de todos pode não permitir que ações outras abalem a harmonia social, seja esta sociedade numerosa, ou não. Porque a minha liberdade é a minha divisa.

CAPÍTULO 149

Passo a passo

Passo a passo nós conquistamos o nosso futuro,
porque a vida tinha que ter futuro, teve que ter passado.

CAPÍTULO 150

A certeza

A despertar na criatura humana a certeza.

O desconhecido, para que ela possa caminhar à luz da comparação do que deu certo e o que não deu certo, porque o que deu certo aconteceu coerentemente de acordo com alguma lei natural.

A certeza da existência da possibilidade.

CAPÍTULO 151

Vencer na vida

A possibilidade de vencer na vida continuando a viver.

CAPÍTULO 152

Vida abundante

"A história foi a permissão de Deus", dos fatos muitas vezes não se enfocou a proveitosa lição e deles sequer existem testemunhos vivos.

O que se sabe da existência de Jesus Cristo se aprende em poucas horas de televisão. Foram muitos anos de outras importantes obras que proporcionaram uma valiosa ressonância até a atualidade, mesmo que o sacerdócio tenha deturpado a história da existência, na Terra, de Jesus Cristo.

O corpo e o sangue do Mestre são luz pacificadora, são diretrizes à realização. Vida abundante.

CAPÍTULO 153

A palavra da salvação

Todavia o ser humano apesar de cumprir a sua obrigação de fiel tem ojeriza à palavra da salvação.

A verdade constrói o mundo. É bom que estudemos a verdade, no entanto o Alto só oferece o entusiasmo.

CAPÍTULO 154

Desenvolvimento espiritual

Jesus Cristo reencarnou para que todos tivessem qualidade de vida, sim, qualidade econômica de vida, entretanto. Para que tivessem sobretudo desenvolvimento espiritual, no pensamento e no sentimento.

CAPÍTULO 155

Deus não deixou de existir

De um lado o sofisticado aparelhamento social, de outro o suburbano mundo da periferia, de um lado a corrupção que não sabe o que faz, de outro a revoltada pobreza.

Deus não deixou de existir. E não nos deixou abandonados ou órfãos no mundo [26].

---

[26] Vide Evangelho conforme João 14:18.

CAPÍTULO 156

Ele veio aqui

Ele veio aqui para que aprendêssemos o talento da diplomacia e das relações sociais, porque ninguém é autossuficiente no mundo.

A socialização é um objetivo do Criador, a discriminação é um vício na sociedade; o patrimônio é um direito da cidadania, a avareza é desequilíbrio rumo à loucura.

Confiar em Deus.

Por parte d'Ele é Ele praticando a lei do amor.

CAPÍTULO 157

Sua herança

Sagrado coração do Filho de Deus que nasceu no oriente para repartir conosco a Sua herança.

Realizava os milagres que hoje o sacerdócio atribui aos santos com a mesma seriedade da idade média e da antigüidade.

Porque o fator espiritual mobiliza mesmo a todos, porque é uma necessidade, é uma lei.

CAPÍTULO 158

Se sabe "lutar"

O espírito necessita auferir o seu alimento vital, a sua energia diante das forças ofertadas pelo cosmos nos seus mecanismos de funcionamento já preparado pela portentosa sabedoria de Deus, que oferece a luz, institui o trabalho e proporciona o recurso se se sabe "lutar" com a unívoca finalidade da paz.

CAPÍTULO 159

O reino

O reino de Deus é constituído da verdade e nele a segurança é perfeita, como tudo que Lhe é próprio.

Nele nada é motivo de constrangimento.

Ele está dentro de nós. Ou não.

CAPÍTULO 160

Relacionamento social

A iluminação de um ser é a iluminação de um mundo [27].

Nosso Senhor selecionou doze missionários como Apóstolos a ensinarem o Evangelho, a prepararem o reino da verdade. É bom que valorizemos o relacionamento social, na coletividade, na prece, na prudência, na precaução, no discernimento.

Fazendo a nossa parte podemos contar com a colaboração de Deus, existe a maneira.

---

[27] Vide O Consolador, q. nº 60. Emmanuel/C. Xavier. FEB. 2001.

CAPÍTULO 161

O que edifica

Liberdade, não é somente sair por aí voando, "ou volitando", não é fazer o que pode, é fazer o que edifica.

CAPÍTULO 162

Um grande forte

E não é uma posição de notoriedade na sociedade sem a habilidade do fazer, ou mostrando-se quem é só pelo que diz. Ela é um grande forte.

CAPÍTULO 163

O ensinamento

Ou um imenso castelo sobre pedra dura guarnecida pelo saber. É realizar e repartir principalmente o ensinamento.

CAPÍTULO 164

É luz

É luz mesmo em meio às trevas.

CAPÍTULO 165

Tudo

Liberdade é força, agilidade, inteligência é talento tudo se usado no construtivo. É investimento. Porque a droga enfraquece.

CAPÍTULO 166

Com pé no chão

"É doutro mundo", "é sonhar com pé no chão".

CAPÍTULO 167

Poderemos merecer

É esperar do futuro, planeta Terra, planeta de provas e expiações, e muitos precisam se modificar para não sofrerem futuramente, é pelo menos admitir a possibilidade do verdadeiro. Porque nós sabemos o que nos pertence e conhecemos o que podemos. E podemos mais, poderemos merecer.

CAPÍTULO 168

Sem sair do bem

Podemos descobrir mais outro universo em nós mesmos. Podemos reflexionar e descobrir alguns equívocos no comportamento moderno e liberal. Podemos ver o mal sem sair do bem, ser do bem e fazer o mal se não vigiarmos. Podemos fazer o bem "sendo maus" porque não há mal eterno.

CAPÍTULO 169

Prefiro como está

Prefiro a boa música, a trabalhada escultura, a pintura simplesmente comprobatória. A eloqüência e a presença da cultura tal como Rui Barbosa; Antônio Francisco Lisboa; ou uma bela e organizada orquestra internacional. Prefiro os detalhes da natureza, prefiro a lua daqui e o sol de longe, prefiro me afogar no romantismo sabendo que em algum lugar está a alma gêmea de todos. Prefiro um pé-de-valsa e um grande passo. Prefiro como está porque recebo muito de Deus.

Quem me convida a pensar. A civilizar-me mediante os extremos da vida o certo e o errado, o belo e o feio, a cultura e a maldade.

Chegaremos "lá", porque lá existe.

Existe algo que compensa porque senão Deus não enviaria Seu filho depositário fiel a este vale de lágrimas; porque não percebe a paisagem de outro ângulo.

Somente na Lei Única a criatura conquistará o seu paraíso, escrita na consciência de maneira clara, existente. Que entenda que é só para beneficiá-lo. Que o ser desumano entenda que água se transforma em vinho. Senão a pregação do Evangelho nos templos, igrejas e centros seria demagoga.

Ela, a Terra pode ser outra na arte, nas letras, na ciência, no esporte, na espectação.

Não somos brasileiros! . . . Liberdade é pôr nossa teoria em prática. Entendimento e convicção sem sombra de dúvida.

O espírito então faz o certo e evita o erro, a importância de combater as más tendências.

Bilhões que subestimam a fé e estimam o poder de compra. Mesmo que estes tenham as sagradas oportunidades de freqüentarem caras e requintadas instituições de ensino.

O saber. A consonância com as leis naturais só é conquistada com uma conduta ilibada.

Nos alicerces do decálogo, na edificação do Evangelho e na aprovação da consciência de todos.

Mesmo que a opção não seja o caminho do bem, o bem é óbvio. O bem é eterno.

Sintonizemos com o otimismo, estas vibrações superiores vivem e obram, são lúcidos exemplos de liberdade. Só não desobedecem às ordens de Deus, porque não querem.

CAPÍTULO 170

Semearam a fé

"Existem" os que venceram fazendo outros vencerem. Orientaram, aliviaram, instruíram, prepararam para a vida. Semearam a fé.

E mesmo com os sofrimentos particulares continuaram para que conquistassem a realização. A realização como filho do Criador.

Liberdade parece difícil num brasil onde poucos respeitam o direito. Mas façamos o certo.

CAPÍTULO 171

Dever cumprido

O céu, o paraíso, o éden, existem os lugares circunscritos onde vivem os espíritos evoluídos, a presença dos infelizes acarretaria o desgosto a eles. Liberdade é o resultado do nosso dever cumprido.

Mas num brasil atual torna-se também difícil cumprir com as obrigações para um Brasil melhor, porque enquanto não provam o contrário sou inocente.

CAPÍTULO 172

Tem mesmo muito valor

Então percebe-se que pelo grau de dificuldade para se vencer na vida o céu tem mesmo muito valor.

CAPÍTULO 173

Eles existem

Todavia se não se é ainda digno de hospedar nas mansões iluminadas do primeiro mundo espiritual pode-se pelo menos valorizar os seus eflúvios. Porque eles "existiram".

CAPÍTULO 174

A cruz reluz

Mesmo que as críticas não cessem.

Aceitemos aquilo que nos vem de encontro em forma de obstáculo. A cruz reluz se a inteligência compreender que Ele venceu o mundo.

CAPÍTULO 175

Razão de viver

O poder sem a razão é poder destruição, seria isto o que se quer para o nosso futuro ou o de alguém que nos é caro? . . .

A vitória da razão de viver.

CAPÍTULO 176

O paraíso

Mas onde será o paraíso? . . .

CAPÍTULO 177

Terra

Não é difícil verificar que a Terra é um planeta de provas e expiações. "Um concurso vestibular muito concorrido, com um número de vagas superior ao de candidatos".

CAPÍTULO 178

Deus compensa tudo

Com certeza se opta a renascer, opta a ser um bom profissional. Um empresário e emprego aos pobres, um médico a salvar vidas, um advogado em nome da lei, um juiz em nome da justiça. Para ser um ignorante desperdiçando tempo. Cometendo pecados mortais sem cessar, que mais parecem imortais.

Eu sou a luz do mundo [28]. Mais acesa do que nunca, teve que ensinar de maneira que se aprendesse, admiravelmente. Mas isto as gerações não tiveram o zelo de manter intacto.

O certo, ainda assim, sem esperar a recompensa do mundo. Porque é Deus quem dá a paz que o mundo não pode dar, as alternativas de soluções que oferece sem pôr um ponto final no nosso problema.

O trabalho, que nos convida a persistir.

---

[28] Evangelho conforme João 8:12-19.

Porque Deus compensa tudo.

Quando nos situarmos nas condições de percebermos as vantagens do paraíso poderemos comparar.

Mas se precisa do Espiritismo? . . . Por que o raciocínio do ser humano não é o suficiente para resolver os problemas?... Todavia por que precisaram de Jesus Cristo? . . . A Bíblia está editada com diferenças literais, isto não deturparia a palavra da salvação? . . .

Padres, Pastores e outros abnegados valiosos beijaram este chão de grandes riquezas com a luz que eles acenderam diante da desconfiança generalizada do ser humano que afirma: Homem honesto só Jesus Cristo. Mas entenderam e prosseguiram, porque acreditaram na evolução, eram prudentes, sabiam que – mesmo assim – no ser humano está o gérmen da santidade, o potencial de perfeição.

O trabalhador é preparado respeitosamente, sem interferir em seu livre-arbítrio.

A evolução seria deficiente se fosse passível de extinção.

Sim por que tantas pessoas admitem ou afirmam-se religiosas, acreditam e pregam a continuidade da vida pós túmulo, a eternidade? . . . Somente uma Grande Inteligência poderia ter criado uma natureza como tal que possibilitasse a uma de suas espécies uma organização avantajada. Sua mente já gerou criações maravilhosas.

O infinito se mostra imensurável, seríamos menores se fôssemos mortais.

A necessidade é a mola propulsora do aprimoramento, o Homo sapiens dará as mãos aos irmãos do plano espiritual. O Messias e Sua superioridade ao transmitir ao mundo a lição, o Exemplo, para que ele se transforme um dia no Céu, porque só assim haveria uma justificativa bem racional para a obra de Deus.

Augusto Silva

Je-ký

Sélem

Lavras, 11 de outubro de 2023

Nota

Tal alegação não consta no Novo Testamento. Mas é fácil de se perceber que se Jesus agiu no sentido de se fazer pobre (Paulo II aos Coríntios 8:9) em benefício de todos, ele, seja no corpo físico, seja na erraticidade fez a referida afirmação a alguém.

A alegação é dos Espíritos e não me cabe contestá-la, pelo contrário (Vide Evangelho João 20:30), se Jesus intencionou ser o Exemplo, também foi para ensinar a humanidade a lidar com a pobreza sem revoltas e reclamações.

E ele não tinha o que expiar.

O médium